1

천하 통일과 고려의 개막

박시백의 고려사 1

천하 통일과 고려의 개막

Humanist

머리말

　　5,000년 역사를 통해 우리나라를 대표하는 이름으로 자리잡은 것은 조선, 한, 고려 이 셋이다. 조선이 가장 먼저 나오고 뒤이어 한, 고려가 나왔는데 공교롭게도 오늘날에 모두 쓰이고 있다. 남과 북이 각각 한과 조선을 국호로 삼았고 나라 밖에선 남과 북을 통칭해 '코리아(Korea)'라고 부른다. 코리아는 곧 고려로, 우리가 세계에 알려진 것이 고려 때임을 알게 해준다.

　　자신의 존재를 세계에 알린 나라답게 고려는 확실히 외부에 열린 나라였다. 중국을 비롯해 거란, 여진, 몽골, 일본 등 주변 나라들은 물론 멀리 아라비아와도 적극적으로 교류했고, 적지 않은 이들 나라 사람들이 고려에 귀부해 정착했다. 고려는 귀부해 오는 이민자들을 거리낌 없이 받아들였고 이를 통해 자신의 문화를 더욱 풍부하게 했다.

　　자주성이 강한 고려는 외부의 침략에도 단호히 맞서 싸웠다. 거란은 고려를 침략했다가 일찍이 겪어보지 못한 괴멸적 패배를 맛봤으며, 끝없는 정복전쟁으로 인류 역사에서 최대의 영토를 차지했던 몽골도 고려를 굴복시키는 데 무진 애를 먹었다. 외교적 수완도 뛰어나서 필요하면 형식적 사대를 하거나 제3국과 손잡고 상대를 압박했으며, 심지어 이이제이를 하는 모습도 보여주었다. 이는 모두 여차하면 힘으로 맞선다는 태세와 그럴만한 실력이 있었기에 가능한 일이었다.

　　하지만 복잡하고 불안한 주변 정세 속에서 자주적으로 살아남는다는 것은 시련을 동반한다. 세 차례에 걸친 거란의 침입, 40여 년간 이어진 몽골과의 전쟁 등 외부의 침입으로 인한 고난의 시간이 너무 길었다. 당대의 백성들에겐 혹독하기 이를 데 없는 세월이었을 텐데 선조들은 그런 환경 속에서 세계 최초의 금속활자, 팔만대장경판, 고려청자 같은 빛나는 문화적 성취를 이뤄냈다. 실로 작지만 강하고 매력적이었던 나라, 고려!

　　이 책은 바로 고려에 대한 소개서로, 만화로 보는 고려시대사, 고려 정치사이다. 조선 초에 편찬된 《고려사》, 《고려사절요》에 철저히 기반했기에 이 두 책의 요약서라고도 할 수 있다. 500년 가까운 세월을 다섯 권에 담다 보니 사건과 인물 들에 대한 소개가 생략되거나 간략해 보이는 감이 있을 것이다. 하지만 고려사가 대중적으로 잘 알려져 있지 않은 편이라 지나치게 자세한 소개는 오히려 접근을 어렵게 할 수도 있겠단 판단에서 이 정도의 분량을 택했다. 부디 이 책이 고려사에 대한 관심을 높이고 이해를 넓히는 데 작은 보탬이 되었으면 하는 바람이다.

2022년 2월

차례

머리말 4

등장인물 소개 8

제1장 후삼국의 분립

신라 말의 혼란 15

견훤과 궁예 21

왕건의 등장 31

궁예의 몰락 40

반발을 제압하고 55

제2장 삼한의 통일

견훤의 기세 67

서라벌 점령 77

민심의 향배 88

견훤이 오고, 경순왕도 오고 100

통일 고려의 시작 111

제3장 **호족의 나라**

태조의 정치 125

훈요 10조 132

제2대 왕 혜종 139

왕규의 난? 146

정종 4년 그리고 또 형제 승계 156

제4장 **개혁하는 고려**

광종의 개혁 165

냉혹한 숙청 178

경종 6년 183

언로를 열다 191

성종의 제도개혁 197

이 시기 중국 정세 207

작가 후기 215

고려사 연표 216

고려 왕실 세계도 221

정사(正史)로 기록된 고려의 역사, 《고려사》와 《고려사절요》 222

등장인물 소개

태조 왕건
고려의 창업자로서 초대 왕.
공신들의 추대를 받아 궁예를 폐위하고 고려를 세워 삼한을 통일한다.

궁예
후고구려 건국자.
백성과 병사 들의 지지를 받아 나라를 세우지만, 왕위에 오른 뒤 폭정을 일삼는다.

견훤
후백제 건국자.
신라 군인으로 종군하다 무진주를 점령하고 완산주를 도읍 삼아 스스로 왕위에 오른다.

신숭겸, 배현경, 홍유, 복지겸
궁예를 몰아내고 왕건을 추대한 고려 개국 일등공신.

유금필
후삼국시대
고려 최고의 무장.

경애왕
신라 제55대 왕.
서라벌을 점령한
견훤에 의해
죽음을 맞는다.

최승우, 최치원, 최언위
'일대삼최'라 불리는 신라 말기 대표 학자들.

경순왕(김부)
신라 마지막 왕.
경애왕의
이종사촌으로
견훤에 의해
왕위에 오른다.

신검
견훤의 장자이자
후백제 제2대 왕.

신혜왕후 유씨
태조의 제1비.
태조가 의거를
망설이자
갑옷을 건네며
북돋운다.

혜종
고려 제2대 왕. 태조의 장남으로 왕위에 오르지만 시해 위협을 받는다.

박술희
태조에게 혜종의 보좌를 부탁받은 무신.

왕규
혜종의 최측근 신하. 왕규의 난으로 비극적 결말을 맞는다.

정종(왕요)
고려 제3대 왕이자 혜종의 이복동생. 혜종이 죽자 신하들의 추대로 왕위에 오른다.

광종(왕소)
고려 제4대 왕. 강력한 왕권을 확립하고 개혁 조치를 단행한다.

쌍기
광종의 눈에 들어 후주에서 고려로 귀화한 문신. 과거제 설치를 건의한다.

서필
광종의 개혁을 보좌한 문신. 직언을 서슴지 않는다.

경종
고려 제5대 왕.
재위 말년
주색에 빠진다.

최지몽
천문과 복서에
능통한 문신.
왕규의 난과
왕승의 반역을
예견한다.

성종
고려 제6대 왕.
유교 이념을
바탕으로
국가 운영의
기틀을 마련한다.

최승로
〈시무 28조〉를 올려
성종에게 발탁된 문신.

요나라 성종, 소태후

제1장

후삼국의 분립

867	견훤 출생
877	왕건 출생
892	견훤, 무진주를 점령하고 스스로 왕위에 오름
895	궁예, 왕을 자칭하며 내외 관직을 설치
896	왕륭, 아들 왕건과 함께 궁예에게 귀부
900	견훤, 후백제 건국
901	궁예, 후고구려 건국
910	왕건, 나주에서 견훤의 수군 격파
914	왕건, 궁예가 역모 혐의를 씌우자 거짓 자백
918	왕건, 궁예를 몰아내고 고려 창업
919	고려, 송악에 도읍

◀ 궁예도성터
궁예도성은 궁예가 송악에서 철원으로 도읍을 옮긴 뒤 왕건에 의해 축출될 때까지 후고구려의 궁궐로 사용되었다. 지금은 강원도 철원군 홍원리 비무장지대(DMZ)에 터만 남아 있다.

신라 말의 혼란

676년에 삼국을 통일한 신라는 100여 년간 태평한 시절을 보냈다.

불국사가 창건되고

석굴암이 만들어지는 등 문화 예술에서도 수준 높은 경지를 보여준다.

그러나 달도 차면 기우는 법.

제1장 후삼국의 분립 15

무리를 규합해 중앙정부에 맞서거나 호족을 제압하고 일정 지역을 차지하는 농민반란이 일어났다.

이래 죽으나 저래 죽으나 매한가지 아니겠는가? 싸우다 죽든지 새 세상을 열든지 하자!

사벌주(상주)를 중심으로 한 원종과 애노의 반란을 시작으로

북원(원주)의 양길, 죽주(죽산)의 기훤, 완산주(전주)의 견훤 등은 상당한 세력을 형성한다.

그렇게 신라 말 세상은 농민군과 호족들이 지방을 장악하고

왕실과 중앙권력은 서라벌과 그 인근 지역을 제외하곤 사실상 통치권을 잃은 상황으로 내몰렸다.

히잉~

견훤과 궁예

견훤(867~936)은 상주 출생으로

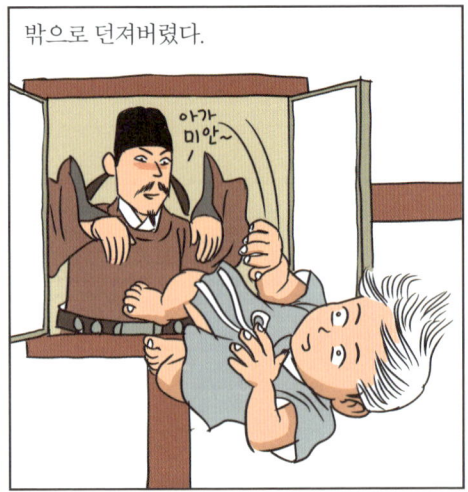

왕건의 등장

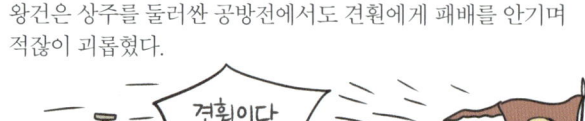

차림도 행차도
호사스러웠으며

눈에 거슬리면 가차 없이 죽였다.

누구보다도 궁예의
신임을 받는 처지였지만

궁예의 변모를 지켜보며
왕건은 긴장의 시간을 보냈다.

폐하의 마음이
언제 어떻게
변할지 모르니
…

차라리 변방으로
나가 있는 편이
낫겠는데…

궁예의 몰락

운명의 날인 918년 6월 14일의 일을 《고려사》, 《삼국사기》는 다음과 같이 설명한다.

왕건의 사저로 최측근 넷이 찾아왔다.

홍유,

배현경,

신숭겸,

복지겸이다.

이들은 왕건을 추대하기로 사전에 논의한 뒤,

왕건을 찾아와 한목소리로 청했다.

"지금 임금이 부당한 형벌을 마음대로 집행해 처자를 살육하고 신료를 죽이고 있습니다. 백성은 도탄에 빠져 스스로 삶을 편안히 할 수 없는 형편입니다."

"어리석은 임금은 폐위시키고 지혜가 밝은 임금을 세우는 것이 천하의 큰 의리입니다!"

마침내 왕건이 측근들의 옹위를 받으며 문을 나섰다.

측근들이 사전에
추대하기로 하고

상황과 명분을 내세우며
결단을 촉구한다.

그런데도 신하의 의리를
논하며 거절하는
모습을 보인다.

삽시간에 왕건의 주위는 지지자들로 메워졌다.

왕공! 와! 와! 왕공!

궁문 앞에 이르니 무려 1만여 명이 모여 북을 치며 기세를 올리고 있었다.

와
둥둥둥둥둥
와

호족 출신으로 자신들을 지켜줄 왕건을 새로운 지도자로 선택한 것이다.

같은 호족이니 생명은 물론

우리들의 이익도 지켜주겠지.

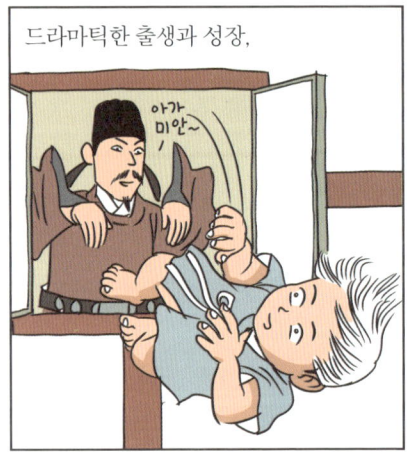

드라마틱한 출생과 성장,

아가 미안~

비극적 몰락에 이르기까지 마치 빼어난 이야기 작가가 창작해낸 캐릭터 같은 인생의 주인공 궁예는 그렇게 시대의 쓰임을 다했다.

자수성가해 자신의 나라까지 세웠다가

반발을 제압하고

왕건이 즉위해 조서를 내렸다.

태봉주●는 사군이 흙 무너지듯이 붕괴할 때
도적들을 제거하고 영역을 점차로 개척했으나
나라 안을 통일하기도 전에
혹독하고 포악하게 백성을 억압하고
간사함을 지극한 도리로 삼았으며
위협과 모욕을 요긴한 술책으로 삼아
남세가 과중하여 인구는 줄고 국토는 황폐해졌는가 하면
궁실이 제도를 지나치고 노역이 끊이지 않아
원망과 비난이 마침내 일어났도다……

짐이 추대에 응하여 외람되이 높은 자리에 올랐으니
망한 왕의 전철을 경계로 삼고
벌가(伐柯)의 법칙을 취하여 백성들과 함께
새로 출발하여 풍속을 고치고
임금과 신하가 고기가 물을 얻은 듯한 즐거움으로 같이하여
나라 안이 태평의 경사로 화합하게 할 것이니
조정 안팎의 모든 사람은 짐의 뜻을 알지어다.

나라 이름은 궁예가 처음 지었던 이름인 고려로 돌아갔다.

국호는 고려, 연호는 천수라 하겠노라!

만세 만세 만세

● 태봉주(泰封主): 태봉의 임금 궁예를 뜻하는 말.

도망가는 환선길을 숙위군이 뒤쫓아가 베었다.

궁예 말년 옹주(공주)를 맡아 지키던 마군장군 이흔암.

왕건의 즉위 소식에 부르지도 않았는데 성을 떠나와버려서
시국이 수상할 땐 한 걸음 물러나서 간을 봐야지

사졸들은 도망가고 성은 후백제의 차지가 되었다.

하오니 죄를 물어야 할 것이옵니다.
경의 말이 옳다. 멋대로 임지를 비워 변경의 땅을 잃은 죄는 용서하기 어렵다.
다만 아직 반역의 형적이 드러나지 않았으니 먼저 살펴본 뒤 결정해도 늦지 않을 것이다.

그의 집을 염탐했는데

뒷간에서 부인이 혼잣말한 것이 증거가 되어
남편의 일이 잘못되면 나도 화를 입을 텐데 어떡하지? 걱정이네, 걱정

저잣거리에서 목이 잘렸다.
아무리 뒷간 방음이 안 되기로서니 그런 말이 들렸다고?
좀 그치?

● 전리(田里): 자기가 태어나서 자란 곳.

제2장

삼한의 통일

920	고려, 견훤의 침공을 받은 신라에 응원군 파견
924	조물성 전투(~925)
927	견훤, 서라벌 점령. 김부를 경순왕으로 옹립
	공산 전투
930	고창 전투
934	발해국 세자 대광현, 유민들을 이끌고 고려로 귀부
935	견훤의 첫째 아들 신검, 반란으로 왕위에 오름
	견훤과 경순왕, 고려로 귀부
936	일리천 전투에서 후백제군 패퇴
	고려, 삼한통일

◀ 개태사
태조 왕건이 후백제군을 정벌하고 후삼국 통일을 이룬 기념으로 세운 절이다. 936년 짓기 시작해 4년 만에 완공된 개태사의 낙성식에서 왕건이 직접 절의 이름을 지었다. 충청남도 논산시 소재.

견훤의 기세

서라벌 점령

왕건은 단기로 가까스로 탈출했다.

5,000명의 고려군은 살아 돌아간 이가 거의 없으리만치 궤멸적인 패배를 당했다.

나를 대신해 전사한 신숭겸을 비롯해 여러 장수도 잃고 훌쩍~

이때 8명의 장수를 잃어 공산이 팔공산으로 이름이 바뀌었다나.

기세를 올린 후백제군은 잇달아 대목군(칠곡), 벽진군(성주) 지역을 차지했다.

에잉~ 왕건을 잡았으면 게임 끝인데.

어쨌든 봤지? 민심이 문제가 아니라 힘이 문제라는 거.

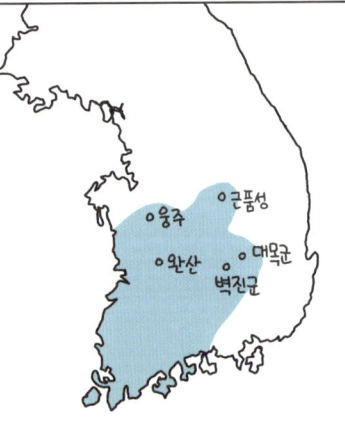

환갑의 나이에 새롭게 전성기를 구가하게 된 견훤은 호기에 찬 편지를 왕건에게 보냈다.

지난번에 신라의 재상 김웅렴 등이 족하*를 서울로 불러들이려 하자
작은 자라가 큰 자라의 소리에 호응하는 듯하였소.
허나 이는 종달새가 매의 날개를 찢으려 함이었으니,
반드시 백성들을 도탄에 빠지게 하고 사직을 폐허로 만들게 될 것이오.
나는 이 때문에 먼저 '조적의 채찍을 잡고 한금호의 도끼를 휘둘러(중국의 역사를
인용해 정의롭게 먼저 일어났다는 의미로 씀)' 백관에게 흰 해를 두고 맹세하며
6부(신라의 6부)를 의풍(義風)으로 타일렀는데
뜻밖에 간신은 도망가고 임금(경애왕)은 세상을 떴소.
드디어 경명왕의 표제(表弟)이자 헌강왕의 외손을 받들어 왕위에 오르도록 권해
위태롭던 나라를 다시 세우니 왕을 잃었다가 다시 왕을 얻게 되었소.

그런데 족하는 나의 충고를 자세히 살피지 않고 뜬소문만을 듣고서
온갖 계책으로 왕위를 노리고 여러 방면으로 침노해 왔으나
내 말머리도 볼 수 없었고 내 소털 하나도 뽑을 수 없었소.
강하고 약함이 이와 같으니 승부를 알 수 있을 것이오.
내가 기약하는 것은 내 활을 평양성 문루에 걸고
내 말이 대동강 물을 마시게 하는 일이오.

그러나 지난달 7일에 오월국의 사신 반상서가 와서 국왕의 조서를 전하여
'경이 고려와 오랫동안 화호를 통하고 서로 이웃 나라의 맹약을 맺어오다가
요사이 볼모로 갔던 두 나라의 자제가 모두 죽음으로 인해 드디어 화친의 옛정을
저버리고 서로 경계를 침범하며 전쟁을 그만두지 아니함을 알았소.
그래서 지금 사신을 경의 나라에 보내고 또 고려에도 글을 보내니
마땅히 서로 친목하여 영구 평화를 도모하도록 하라' 하였소.

나는 왕실을 높이는 의리에 돈독하고 대국을 섬기는 일에 전념하여왔는데
이제 오월왕의 조유를 들으니 즉시 그 명령을 받들려 하오.

● 족하(足下): 같은 또래 사이에서 상대편을 높여 이르는 말.

그러나 족하가 싸움을 그만두려 해도 할 수 없어 곤경에 있으면서도 오히려 싸우려 할까 염려되어 이제 조서 내용을 기록해 보내니 유의하여 자세히 살피기 바라오.
토끼와 사냥개가 다 피곤하면 반드시 조롱을 받는 것이오. 조개와 황새가 서로 버티면 또한 남의 웃음거리가 되는 것이니 마땅히 '끝까지 미혹하고 깨닫지 못하면 흉하다'는 옛말을 경계 삼아 후회를 스스로 불러들이지 말도록 하오.

모월 모일 백제 대왕

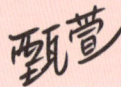

"왕건이한테 직접 전해라. 등기우편이다."

오늘날 사가들은 이 편지를 최승우가 쓴 것으로 추정한다.

최승우는 최치원, 최언위와 함께 일대삼최라 불린 인물인데, 이 삼최의 이야기를 잠시 하고 넘어가자.

"나말삼최 라고도 불리죠. 신라 말기의 삼최!"

신라 말의 대표적인 학자인 이들은 변화무쌍한 시대만큼이나 다른 삶을 살았다.

삼최 중 나이가 가장 많고 널리 알려진 이는 단연 최치원이다.

당나라에 유학해 열여덟의 나이로 빈공과에 장원급제 하고

"빈공과란 외국인 대상 과거입니다."

황소의 난 때 〈토황소격문〉을 지어 문명을 떨쳤다.

"캬~ 황소가 이걸 본다면 등골이 오싹 하겠는걸."

"명문이지. 이걸 쓴 친구가 신라 청년 최치원이라더군."

토황소격문
최치원

스물아홉의 나이에 신라로 돌아왔으나 신라는 혼돈 속에 있었다.

와! 와!

태수를 맡아 외지를 돌아보며 현실을 더욱 깊이 알게 된 그는

……

민심의 향배

왕건이 답장을 보냈다.

오월국 사신 반상서가 전한 조서 한 통과 족하께서 자세히 사정을 적은 글을
공손히 받았소. 훌륭한 사신이 이렇듯 글을 가지고 오니 좋은 말씀에다가
가르침까지 잘 받았소.
귀한 글을 받으니 비록 감격은 더하나 봉투를 열어보니 석연치 않은 마음을
없애기 힘들어 지금 돌아가는 사신 편에 이 글을 부쳐 품은 뜻을 알리려 하오.

나는 내전을 종식시키고 나라를 재앙으로부터 구해내기를 바랐소.
이에 스스로 이웃과 친목하고 우호관계를 맺은 결과 수천 리에 걸쳐 백성들은
농사에 안착했으며 칠팔 년간 군사들은 한가하게 휴식을 취했소.

그러다가 을유년(925)에 이르러 갑자기 일이 벌어져 결국 전쟁에까지
이른 것이오. 처음 족하께서 상대방을 무시하고 앞으로 내달았지만
이는 사마귀가 수레바퀴를 막아서는 것처럼 당치 않은 일이었고
결국 당해내기 어려움을 깨닫고 용퇴했으니 애당초 이는
모기가 산을 짊어지려는 격이었소.
당시 족하는 두 손을 모으고 사죄하며 하늘을 우러러
오늘부터는 길이 화친할 것이며 만약 맹약을 어긴다면
신이 참화를 내릴 것이라 맹세했소.

나 또한 전쟁을 그치게 하는 덕을 존중하고
사람을 살육하지 않는 인덕을 바란 나머지
드디어 포위를 풀고 피곤한 군사들을 쉬게 하였으며
인질의 교환마저 사양하지 않았으니
이는 다만 백성이 편안하기를 바라서였소.
이것은 내가 남쪽의 백제 사람들에게
큰 덕을 베푼 것이거늘,
맹약의 다짐이 미처 끝나기도 전에
흉악한 위세를 다시 떨치며 벌이나 전갈과 같은 독으로
백성들을 침해하고 이리나 범과 같은 광포함으로
도성까지 쳐들어가 금성(서라벌)을 압박하고
신라 왕실을 놀라게 할 줄 어찌 알았으리오?

나는 간악한 마음을 간직함이 없이 신라 왕을 존중하려는 간절한 뜻을 가졌기에
장차 조정을 안정시키고 위태로운 나라를 바로잡으려 하는 바이오.
족하께서는 털끝만치 작은 이익을 위해 하늘과 땅 같은 두터운 은혜를 잊고서
임금을 살해하고 궁궐을 불태웠으며 관리들을 처참히 죽이고 백성들을 도륙했소.
또 궁녀들을 빼앗아 자기 것으로 만들고 진귀한 보물을 약탈해 가득 싣고 갔으니
그 흉악함은 걸왕이나 주왕보다 더하고 그 잔인함은 맹수보다 심하오.
국왕이 돌아가시매 나의 원한은 극에 달하고 왕실을 우러러보는 나의 정성은
참으로 깊소.
(이하 그동안 자신의 승전들을 두루 자랑하고서)

… 반드시 이 혼란을 종식시키고 깊이 천하를 밝힐 것을 기약하는 바이오.
하늘이 나를 도우니 천명이 장차 어디로 가겠소?
더구나 오월 왕 전하께서 큰 은덕으로 변방의 외족을 포용하고
깊은 인애로 소국을 사랑하여 특별히 윤음을 내리시어 이 나라에서
병란을 중지하라고 타일러주셨소.
이미 모범을 삼을 교훈을 받았으니 어찌 실천하지 않을 수 있으리오.
족하께서 그 명철한 뜻을 삼가 받들어 흉악한 책략을 중지한다면 오월국의 인자한
은혜에 부응하는 일일 뿐 아니라 신라의 끊어진 왕통을 잇는 일이 될 것이오.
만약 개과천선하지 않는다면 후회해도 이미 때는 늦을 것이오.

모월 모일 고려국 대왕

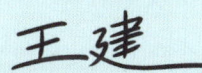

이즈음의 견훤은 강하고 거침없었다.

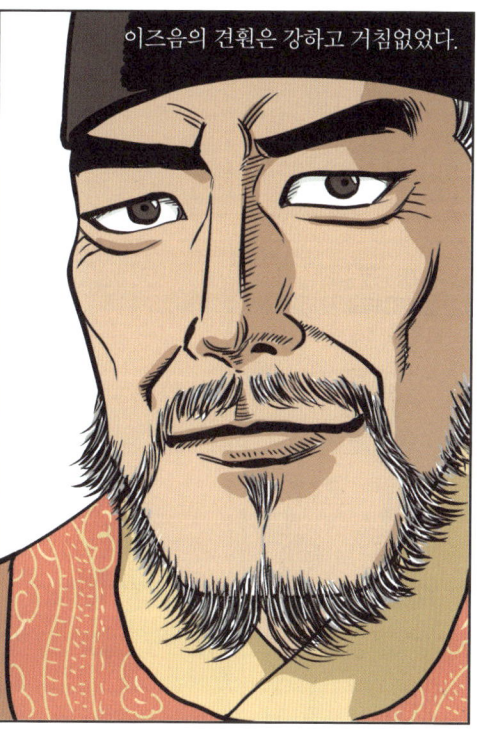

자못 목에 힘주어 말하고 있지만

유금필의 응원으로 후백제군을 물리칠 수 있었다.

이후 견훤은 직접 군대를 이끌고 오어곡성(군위)을 쳐서 빼앗았고

이듬해 의성부, 순주(안동)군 풍산면을 쳐서 확보했다.

견훤은 거침없었고,

왕건은 위축되었다.

왕건은 경순왕의 제안을 사양하는 대신 기병 50명만을 거느리고 서라벌을 찾았다.

나는 하늘의 도움을 받지 못해 견훤에게 낭패를 당했으니 이 원통함을 어디에 비기겠습니까?

제가 다 원통합니다. 부디 굴하지 마시고 견뎌내소서. 장차 웃을 일이 어찌 없겠습니까?

왕건이 돌아가는 길에 경순왕은 동생을 볼모로 보내고 멀리까지 나와 전송했다.

견훤은 왜 서라벌을 점령하고도 신라 왕에게 항복을 받아내는 대신 경순왕을 세웠을까?

천 년을 이어온 신라 왕조,

비록 지금은 쪼그라들고, 후백제와 고려가 새로 건국되어 패권을 다투고 있는 상황이지만

신라가 지닌 정통성의 힘은 무시해도 될 정도의 것이 아니었다.

어느 나라 백성입니까?

당근 신라죠.

이 고을은 백제 점령 지역인데?

백제였다가 고려였다가 다시 백제 땅이 되었지만 그래도 저는 신라 사람이죠.

그래서 견훤도 왕을 교체하는 방식을 택한 것인데

아직은 때가 아냐. 좀 더 지켜보다 부하로 만들어야지.

그에 앞서 취한 행동들은 중대한 실수였다.

견훤이 오고, 경순왕도 오고

경상도 지역을 잃은 후백제군은 수군을 이용해 서해로 공격해 왔다.

송도(개성)의 코앞인 예성강에 들어와 배 100척을 불사르는가 하면

대우도를 공격해 약탈했다.

장수를 보내 방어하게 했음에도 쩔쩔매어

왕건의 근심이 깊었는데, 유금필이 글을 보내왔다.

아! 짱가 유 장군!

신이 이미 장정을 뽑고 전함도 수리해 준비하였사오니 근심하지 마소서.

그러더니 과연 물리쳤더랬다.

이때 유금필은 참소를 입어 근처 섬에 유배 중이었는데,

뭣이라? 백제군이?

원망은커녕 스스로 전장에 나아가 승리로 보답한 것이다.

부끄럽소. 경의 자손 대대로 상을 주게 하여 경의 충절에 보답하겠소.

유금필의 활약은 계속된다.

따가닥 따가닥 따가닥

933년엔 정남대장군을 맡아 의성부를 지켰는데 왕의 사자가 왔다.

지금 백제가 혜산성과 아불진 등을 약탈한다 하니 만일 신라의 서울까지 침공하거든 가서 구원하시랍니다.

제2장 삼한의 통일 101

… 삼가 생각건대 대왕께선
신묘한 무예가 출중하셨고
영특한 지혜는 만고에 으뜸이셨다 …
바람과 우레처럼 북을 울리며 치달리니
멀고 가까운 곳에서 달려와
공업(功業)의 중흥을 눈앞에 두게 되었다.
지혜롭고 사려 깊으셨으나
문득 한 번 실수하시어
어린 아들이 사랑을 독차지하고
간신이 권력을 농단하였다.

… 왕위를 철모르는 아이에게 줄 뻔했으나
다행히도 하늘에서 진실한 마음을 내려주시어
허물을 바로잡아 장자인 내게
이 나라를 맡기셨다 …

만세— 만세— 만세

쿠데타는 성공했다.
그러나 성공에 취한 탓인지

금산사의 방비가 허술했던 모양.
견훤은 석 달 동안 갇혀 있다가
막내아들과 딸, 첩 등과 함께
금산사를 탈출한다.

마침내 왕건이 받아들였다.

짐이 신라와 피를 나눠 마시고 동맹을 맺어 두 나라가 각기 사직을 보전하여 영원히 잘 지내기를 바랐는데 이제 신라 왕이 굳이 신하로 일컫기를 청하고 경들 역시 옳다고 하니 짐이 마음으로는 부끄럽게 여기나 의리상 굳이 거절하기는 어렵도다.

경순왕은 뜰 아래에서 왕건을 향해 신하로서 예를 표했다. 천 년을 이어온 신라가 망하는 순간이다.

신 김부, 해와 달이 다하도록 폐하께 충성을 다하겠나이다.

만세! 만세! 만세!

통일 고려의 시작

무력이 신봉되는 난세에 누구보다도 강력했던 지도자.

늙어서도 직접 전장에 나가길 주저하지 않았다.

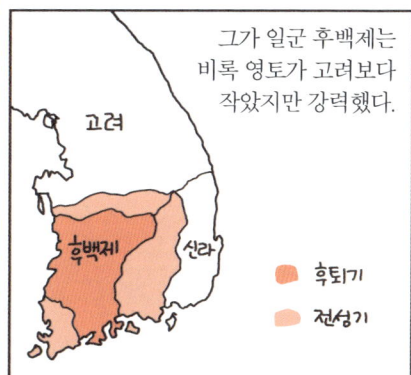
그가 일군 후백제는 비록 영토가 고려보다 작았지만 강력했다.

비옥한 평야를 품고 있어 경제력이나 인구가 짱짱하고

그에 기반한 우리 군사력은 실로 막강했다는 말씀!

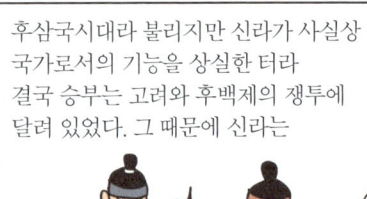

어쨌든 이래저래 삼한통일은 그의 몫이 아니었던 모양이다.

그래 내 역할은 여기까지.

왕건! 잘하시오.

궁예나 견훤처럼 자수성가한 지도자가 아니었던 왕건은 장수, 호족 들과 협력하거나 경쟁하는 관계였다.

2인자로 몸을 낮춰 스스로를 보존하는 한편,

경쟁자들을 자기편으로 끌어들이며 지도자로 거듭났다.

능력도 친화력도 짱!

호족 출신인 그는 학식이 높고

정치적 처신에도 능했으며

무엇보다 시대와 민심을 읽는 안목이 남달랐다.

가히 오랜 내전의 고통에서 벗어나게 해줄 지도자이자 통합을 바라는 시대의 요구에 부응하는 지도자였다.

제3장

호족의 나라

921	태조, 아들 무를 태자로 봉함
942	거란에서 보낸 사신을 유배하고 만부교 아래서 낙타를 굶겨 죽임
943	태조, 훈요 10조를 남기고 훙거
	혜종 즉위
945	혜종 훙거, 정종 즉위
	왕규의 난
947	광군사 설치
949	정종, 동생 소에게 왕위를 선양하고 훙거

◀ 왕건릉
황해북도 개성시에 남아 있는 태조의 무덤으로, 태조와 신혜왕후 유씨가 함께 묻힌 단봉 합장릉이다.

태조의 정치

궁예가 처음 나라를 세우면서 내세운 이름은 고려였다.

高麗

고구려를 잇고자 하는 나의 결심이 느껴지지? 참고로 고구려는 고려로도 불렸지. 즉 고려는 곧 고구려!

이후 마진, 태봉으로 바뀌었지만

태조 왕건(이하 태조)도 궁예를 몰아내고서 국호를 다시 고려로 되돌렸다.

왜 돌렸겠나? 나 역시 고구려를 계승하려 했기 때문이지.

고구려를 계승코자 하는 태조의 뜻은 건국 당시부터 고구려의 수도였던 평양을 중시하는 것으로 나타났다.

평양이 황폐한 지 이미 오래다. 황주, 봉주(봉산), 해주 등 여러 고을의 백성을 나누어 평양에 살도록 하고 대도호를 만들도록 하라.

이어 사촌인 왕식렴을 보내 평양 재건 사업을 주관케 했다.

훈요 10조

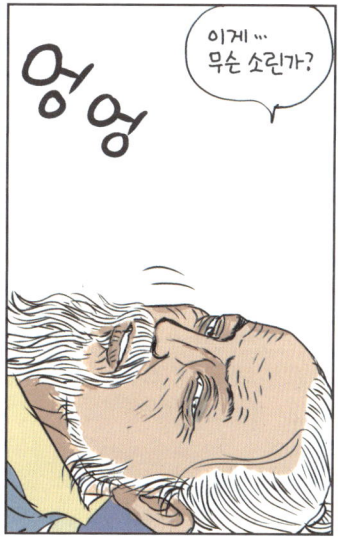

그리고 눈을 감았다. 943년 5월. 재위 26년, 향년 67세.

장수로서는 지혜롭고 용맹했으며

일국의 왕으로서 부드럽고 온화한 가운데 단호히 결단할 줄 알았다.

위기 앞에서도 쉬이 흔들리지 않는 강인함과 누구든 품을 수 있는 넉넉함을 지녔다.

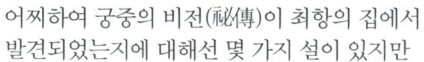

제2대 왕 혜종

태조의 첫 번째 부인은 신혜왕후 유씨,

정주(개풍) 지역 출신으로 해상 무역을 통해 부를 축적한 유천궁의 딸이다.

태조가 궁예 휘하에서 나주 정벌을 꾀할 때 그 준비를 정주에서 했다.

저 여인이 누군지 아느냐?

아, 네 이 고을 최고의 부잣집 여식입니다.

943년, 마침내 태조의 뒤를 이어 서른둘의 나이로 왕위에 올랐다.

혜종이 즉위할 때 최측근이자 최고의 실력자는 박술희와 왕규.

박술희는 열여덟 살에 궁예의 위사로 들어간 뒤 태조의 호위를 맡아 여러 전투에서 공을 세운 원훈.

동물성이라면 가리지 않는 식성의 소유자.

두꺼비, 땅강아지, 개미, 다 먹어.

우엑~

태조가 특별히 당부했다.

경이 태자를 옹립했으니 잘 보좌해주오.

예, 폐하! 심려 놓으소서.

왕규는 광주(廣州)의 호족으로

두 딸이 태조의 15번째, 16번째 비인 광주원부인, 소광주원부인이 되었다.

이 중 16번째 비가 아들을 낳았으니 광주원군이다.

혜종이 즉위했을 때 혜종에겐 스물 전후의 장성한 동생들이 있었다. 왕자 요와 소다.

짧은 혜종 재위 기간 동안의 주요 사건은 이들의 관계로부터 생겨난다.

왕규의 난?

왕자 요와 소의 모후는 태조의 제3비인 신명순성왕후 유씨로, 충주 호족 출신이다.

충주 호족이란 뒷배경에 타고난 자질로 인해 왕요와 왕소는 안팎의 주목을 받게 된다.

왕규가 먼저 움직였다. 이하는 《고려사》가 전하는 공식 기록이다.

왕요, 왕소 형제가 반역하려는 뜻이 있는 듯하옵니다.

혜종은 무고라 여기고 요와 소를 더욱 살뜰히 대했다.

맏딸을 내게 시집보내기도.

그다음 날 박술희가 죽었다.

혜종의 병이 깊어지자 박술희는 왕규와 반목했고 호위병 100명을 데리고 다녔다.

이를 보고 오해한 정종이 박술희를 갑곶(강화)으로 유배 보냈고,

왕규가 왕명을 사칭해 박술희를 죽였다.
"억울해하지 마. 폐하의 뜻이다."

이보다 앞서 왕자 요와 소는 왕규가 역모를 꾀하리라 여기고 서경의 왕식렴과 모의해 대비케 했다.

왕규가 난을 일으키려 했으나

왕식렴이 때맞춰 군사를 거느리고 들어와 정종을 호위하니

어찌 할 수 없었다.

제3장 호족의 나라 149

정종과 왕식렴이 도모한 것은 혜종이 살아 있을 때고

혜종이 죽기 전이나 직후에 왕식렴은 서경의 군대를 이끌고 와 있었다!

이 모든 정황은 왕요, 즉 정종의 쿠데타로 본다면 설명이 된다.

가자!

혜종은 동생인 왕요, 왕소 형제가 두려웠을 것이다.

장성하고 똑똑하며 야심찬 두 동생! 내 자리가 마땅히 자기들 것이라 여길 텐데……

막강한 충주 호족을 후원자로 두고 있고 최강의 지방 세력인 서경 세력까지 끌어들였어.

권력을 장악한 정종-왕식렴 세력에 저항할 가능성이 가장 큰 인물은 박술희와 왕규였으니

제거해야 했다.

그런데 박술희를 죽인 것에 대해선 부담이 컸을 것이다.

박술희는 태조대왕의 충신이자 선왕 혜종의 보호를 부탁받은 인물인데

우리가 죽인 걸로 되면 곤란해.

박술희의 명예는 지켜져야 했다.

왕규에게 덮어씌우자.

이렇게 하자. 손자를 왕으로 삼고 싶은 왕규가 왕을 시해하려다 실패했고

왕이 죽자 경쟁자인 박술희를 왕명을 사칭해 죽이고 반역을 피하려 했으나

역모를 눈치챈 내가 왕식렴 삼촌을 불러들여 정의의 심판을 내렸다.

어때?

설득력 쩌는데요.

이 내용으로 사관에게 받아쓰도록 시켜.

정종 4년 그리고 또 형제 승계

어렵게 왕좌를 차지했으나 재위 기간은 4년이 채 못 되었다.

태조의 북방 정책을 충실히 계승해

"귀부해 오는 오랑캐들은 받아들이되"

"북방의 오랑캐들은 기본적으로 믿지 말고 철저히 대비하라."

북방 요지에 축성 작업을 계속하는 한편,

뒷날 역할을 하게 되는 광군사를 설치했다.

"혹여 있을 거란의 침략을 대비해"

"호족 휘하의 전국의 지방군을 구성원으로 하되 중앙군의 지휘 아래 둔다."

光軍司

여기엔 사연이 있었으니, 신라 말 3최 중 한 사람이었던 최언위에게 아들 최광윤이 있었다.

궁궐 서쪽 모퉁이에 벼락이 쳤다.

꽈 꽝

이날로 정종은 병을 얻었는데

몇 달 뒤 왕식렴이 죽었다.

허~ 이제 누굴 믿고 살꼬?

병세가 위독해졌다.

쿨럭 쿨럭

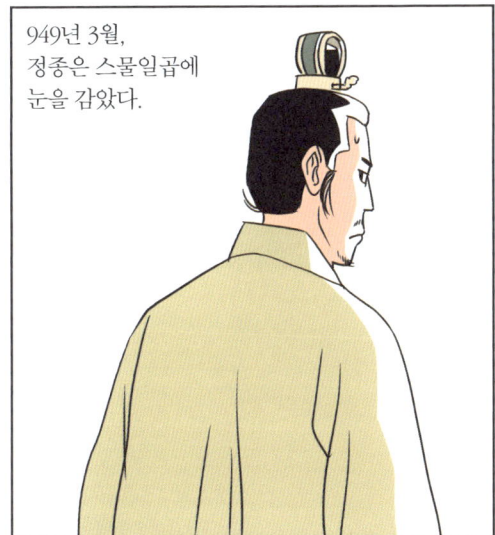

제4장

개혁하는 고려

949	광종 즉위
956	후주인 쌍기 귀화
	노비안검법 제정
958	과거제 시행
960	백관의 공복을 제정하고, 개경을 황도, 서경을 서도로 개칭
975	광종 훙거, 경종 즉위
976	전시과 시행
981	경종 훙거, 성종 즉위
982	최승로, 〈시무 28조〉 상소
983	전국에 12목 설치
	중앙관제 마련
992	국자감 창설
997	성종 훙거

◀ **개성 성균관**
성종 11년에 세운 국가 최고 교육기관으로 이곳에서 뛰어난 유학자와 개혁적인 신진 관리가 배출되었다.
설립 당시 국자감이라 이름했고, 이후 국학, 성균관으로 바뀌었다.

광종의 개혁

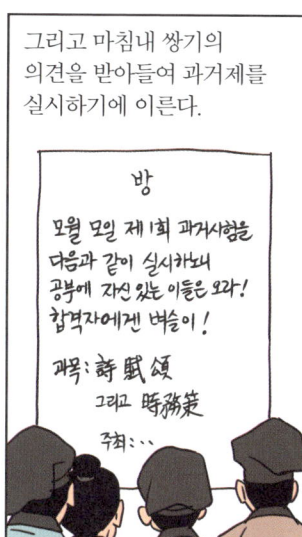

● 내구마(內廐馬): 임금이 나들이할 때에 쓰는 말.

냉혹한 숙청

경종 6년

광종과 대목왕후 사이에서 태어났지만

어린 나이에 부왕의 의심을 사서 운신이 어려웠다.

동생이 하나 있었는데 일찍 죽는 바람에 무사할 수 있었다는 설도 있다.

그럴 수 있어.

동감! 동생이 죽지 않았다면 흑계에 대안이 있는 셈이니까.

열한 살에 태자로 책봉되고

살얼음판 같은 10년의 태자 생활 끝에 스물한 살 때 왕위에 오르니 제5대 임금 경종이다.

경종은 왕비를 넷, 후궁을 하나 두었는데

경순왕의 딸 헌숙왕후 김씨,

태조의 손녀 헌의왕후 유씨,

역시 태조와 신정왕후 황보씨의 손녀인 헌애왕후 황보씨,

헌애왕후의 친동생인 헌정왕후 황보씨,

역시 태조의 손녀인 대명궁부인 유씨다.

이들 중 헌애왕후만 왕자를 하나 낳았는데

왕자는 겨우 두 살이었다.

언로를 열다

태조와 제4비인 신정왕후 황보씨의 아들과

태조와 제6비인 정덕왕후 유씨의 딸이 결혼했고

이들에게서 성종과 헌애왕후, 헌정왕후 등이 태어났다.

"우리 둘 다 할머니의 성을 따라 황보씨로."

누이들이 경종의 왕비였던 것이 아무래도 후계로 선택되는 데 작용했을 것이다.

성종은 또한 광종의 사위이기도 하다. 부인 문덕왕후 유씨는 광종과 대목왕후 황보씨의 딸로 경종의 여동생.

"그러니까 나는 경종 임금의 사촌이자 처남이자 매제."

"나 역시 할머니의 성을 따라 유씨~"

● 봉사(封事): 임금에게 밀봉해서 올리는 의견서나 상소문.

태조께선 삼한통일의 공이 있고
공손하고 검소했으며 도덕적임.
상벌은 공평했고
권선징악을 실천했으며
인재를 보고 바로 쓰는
안목이 빼어났음.

창업 초기 태평한 시기가 짧아
예악 문물 등은 아직 부족.

혜종께선
정종에 대한 참소를 듣고도
무시하고 은혜로 대우함.

안위를 너무 중시해
전후좌우에 항상
갑사를 따르게 하여
체통이 떨어짐.

정종께선
반란을 제압한 공이 있고
즉위 초엔 성실하여 모두 존경.

하지만 도참을 믿어
천도를 결정했고
고집이 세서 바꾸지 않아
원망이 임.

광종께선
즉위 후 8년간
정치와 교화가 맑아짐.

쌍기 등을 우대해
덕망 있는 장로들 쇠진,
신하들 시기해
언로가 막히고
불사를 지나치게 벌임.

연회, 놀이, 사치,
토목 공사 등으로
재정 낭비,
간신들의 참소로
구신, 골육들을
죽음으로.

성종의 제도개혁

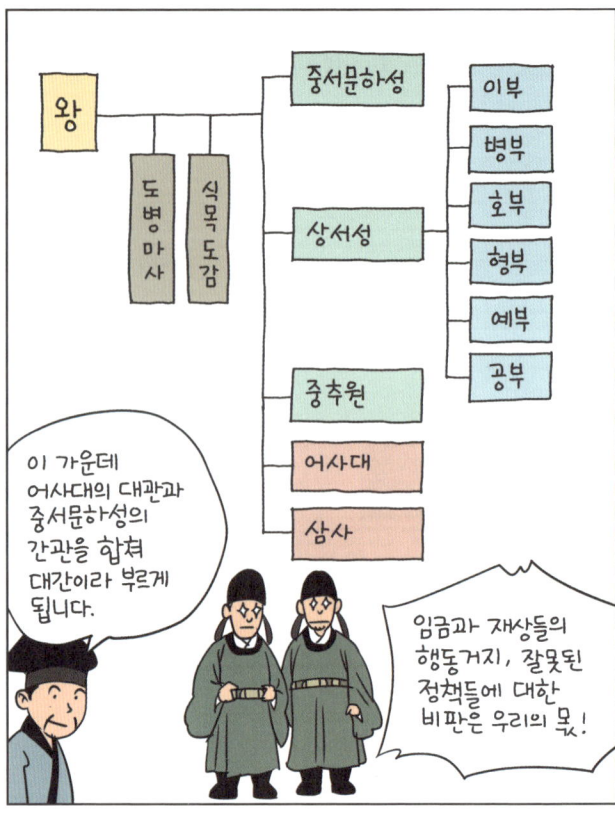

한편, 종묘와 사직단을 세워 유교 국가의 면모를 세웠다.

나라의 근본은 종묘가 으뜸이다. 그 때문에 예부터 제왕은 모두 종묘를 크게 짓고 영묘를 창건해 … 3대나 5대 조상의 제를 지냈던 것이다. … 이에 따라 작년부터 새로 종묘를 지었던 것이니 조정의 유신들은 소목(昭穆)의 반열과 종묘제례의 절차를 의논해 보고하라.

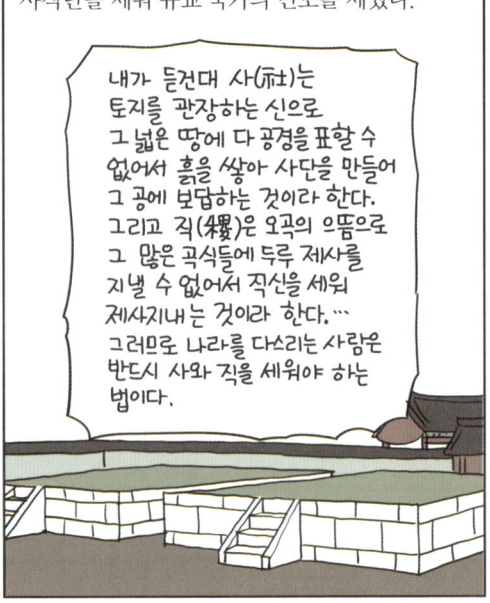

내가 듣건대 사(社)는 토지를 관장하는 신으로 그 넓은 땅에 다 공경을 표할 수 없어서 흙을 쌓아 사단을 만들어 그 공에 보답하는 것이라 한다. 그리고 직(稷)은 오곡의 으뜸으로 그 많은 곡식들에 두루 제사를 지낼 수 없어서 직신을 세워 제사지내는 것이라 한다. … 그러므로 나라를 다스리는 사람은 반드시 사와 직을 세워야 하는 법이다.

유교의 보급과 유교 소양을 갖춘 인재를 양성하기 위해 학교 건립에도 힘썼다.

임금이 천하를 교화하여 공적을 이루려면 먼저 학교를 세워야 한다. 요임금과 순임금의 풍교를 본받고 주공과 공자의 도를 닦는 일과 나라의 헌장, 제도를 만들고 군신과 상하의 의례를 분별하는 일은 반드시 현명한 유가가 맡아야만 올바른 규범을 이루어낼 수 있는 것이다.

이 시기 중국 정세

고려가 후삼국으로 나뉘어 다투고 있을 때 중국도 일대 혼란기였다.
대제국을 세웠던 당나라가 거듭되는 절도사들의 반란으로 흔들리더니

마침내 여러 곳의 절도사를 겸한 실력자 주전충에 의해 무너졌다.
어린 황제에게 양위받는 형식으로 황제가 되고 나서
후량(907~923)을 세운 것이다.

이에 후량의 통치력이 미치치 못하는 주변 지역에서도 여러 나라가 세워진다.

화북을 중심으로 한 중원에서
후량-후당-후진-후한-후주로 5대가 이어지고,
화중, 화남 일대엔 오, 오월, 민, 남당 등 10개국이
앞서거니 뒤서거니 세워져 흥망을 거듭하게 된다.

제4장 개혁하는 고려

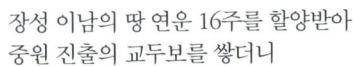

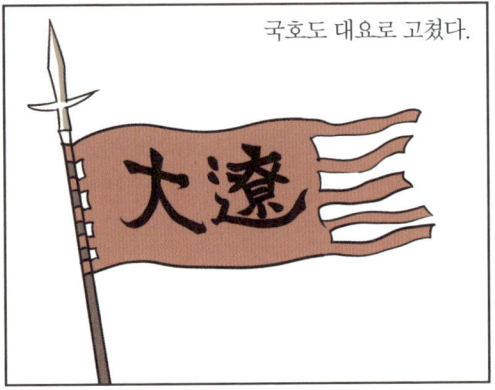

작가 후기

《박시백의 조선왕조실록》을 마무리하고 나서 거의 9년 만에 《박시백의 고려사》 첫 권을 내놓는다. 그사이 조선의 망국 이후인 일제강점기 역사를 공부하고 작업하느라 시간을 보내고 나서 다시 중세시대로 돌아오니 익숙함과 어색함이 교차하는 기분이었다.

1권은 후삼국의 분열과 통일, 그리고 신라 때보다 진일보한 체제의 고려를 세워나가는 건국 초를 다뤘다. 드라마로도 만들어졌지만 후삼국이 분립해 쟁패를 다투다 왕건에 의해 통일되는 과정은 우리 역사에서 손꼽을 만큼 극적인 시대다. 대표적 영웅들인 궁예와 견훤과 왕건의 리더십은 되새겨볼 만하다. 특히 왕건의 행보에는 왜 그가 최후의 승자가 되었는지 알게 해주는 특별함이 있다.

작업하면서 가장 힘든 점은 자료의 부실이었다. 특히 후삼국을 통일한 이후의 기록이 너무도 소략하다. 가령 광종 대는 과거제와 노비안검법을 실시해 호족 세력을 억눌렀던 시대로, 학교에서도 상당한 비중을 두어 가르친다. 하지만 이에 대한 구체적 기록이 너무 적고 후기의 폭압정치에 대해서도 마찬가지이며 혜종이나 경종 대에 대해서도 그렇다.

다만 성종 대에 이르면 기록이 다소 풍성해진다. 성종 이후 또한 그러하기에 2권을 작업하는 환경은 좀 더 낫지 않을까 기대해본다.

고려사 연표

889
신라, 여러 고을에서 공물을 바치지 않아 국가 재정이 어려워지다.
원종과 애노가 사벌주에서 농민봉기를 일으키다.

891
궁예가 죽주의 기훤에게 투신하였으나 기훤이 업신여기다.

892
궁예가 북원의 호족 양길에게 의탁하다. 양길이 병사를 맡기며 동쪽의 땅을 공략하게 하다.
견훤이 반란의 뜻을 품고 무리를 모으니 한 달 만에 5,000명에 이르다. 무진주를 습격해 독자 정부를 꾸리다.

894
최치원이 진성여왕에게 〈시무 10조〉를 올리고 아찬에 오르다.
궁예를 따르는 무리가 3,500명이 되다. 여러 사람이 궁예를 경외하며 장군으로 추대하다.

895
궁예, 스스로를 왕으로 칭하며 내외 관직을 설치하다.

896
왕건 부자가 궁예에게 송악군을 바치고 귀부하다.

898
궁예, 송악으로 본거지를 옮기다.

899
양길이 궁예를 공격하다가 비뇌성에서 대패하다.

900
왕건이 광주·충주·청주·당성군·괴양군을 토벌하다.
견훤이 완산주에 도읍해 후백제를 건국하다.

901
궁예가 나라를 세우고 국호를 고려로 하다.

903
왕건이 나주 등 10여 군현을 공격하다.

904
궁예, 국호를 마진으로 변경하고 광평성을 설치하는 등 관제를 정비하다.

905
궁예, 송악에서 철원으로 도읍을 다시 옮기다.

906
왕건이 군사 3,000명을 지휘하여 상주에서 견훤과 싸워 이기다.

910
왕건이 나주 해전에서 견훤의 수군을 격파하다.

911
궁예가 국호를 태봉으로 바꾸다. 승려 석총을 때려죽이다.

914
궁예가 왕건에게 역모 혐의를 씌우자, 왕건이 거짓으로 자백하다.

915
궁예, 부인 강씨가 정색하고 간하자 강씨와 두 아들을 죽이다.

태조

918 태조 원년

6월 14일 홍유, 배현경, 신숭겸, 복지겸 등이 모의하고 부인 유씨의 적극적인 권유로 거사해 궁예를 내쫓고 포정전에서 즉위하다.
6월 19일 마군장군 환선길이 반란했다가 실패해 처형되다.
6월 28일 마군장군 이흔암이 반역을 꾀하였다가 역모죄로 길거리에서 처형되다.
9월 15일 임춘길이 반역을 모의하니 관련자를 심문해 자백 받고 목 베다.
9월 24일 견훤의 아버지 아자개가 사자를 보내 항복해오다.
9월 26일 평양이 황폐한 지 오래라며 황주, 봉주, 해주 등 여러 고을의 인호를 나누어 평양에 살게 하고, 왕식렴과 열평을 보내 지키게 하다.
10월 21일 청주의 장수 파진찬 진선이 아우 선장과 함께 반역을 꾀하다 죽음을 맞다.
11월 처음으로 팔관회를 열고, 상례로 삼다.

919 태조 2년
1월 송악 남쪽에 도읍하여 궁궐을 짓고 행정구역을 정하다.
3월 10개의 절을 도성 안에 창건하다.

920 태조 3년
10월 견훤이 신라를 침공하자 신라에서 구원을 청하다. 이에 구원하니 견훤과 틈이 생기다.

921 태조 4년
12월 10일 박술희의 요청에 따라 아들 무를 태자로 삼다.

922 태조 5년
날짜 미상 서경에 행차해 관료를 두다. 서경의 재성을 쌓기 시작하다.

924 태조 7년
7월 견훤이 두 아들을 보내 조물군을 공격하나 손해만 입고 돌아가다.

925 태조 8년
10월 조물군에서 견훤과 전투를 벌이다가 화친을 맺다.

926 태조 9년
4월 견훤이 보낸 볼모가 죽자 견훤이 고려의 볼모를 죽이고 전쟁에 나서다.

927 태조 10년
1월 3일 용주를 정벌하다.
3월 10일 운주를 격파하다.
3월 13일 근품성을 함락하다.
4월 웅주 정벌에 실패하다.
9월 견훤이 근품성을 불사르고 신라의 고울부를 급격하다.
10월 견훤이 서라벌을 점령해 경애왕을 죽이고 경순왕을 세우다.
11월 공산 전투에서 고려가 후백제에 대패하고, 태조가 가까스로 도망하다.
12월 견훤이 조롱 섞인 편지를 보내오다.

928 태조 11년
1월 견훤에게 답신을 보내다.
7월 13일 삼년성 공략에 실패하고, 유금필의 구원을 받다.

929 태조 12년
12월 포위된 고창군을 구원하기 위해 진군하다.

930 태조 13년
1월 고창군 전투에서 견훤에게 크게 이기자, 주변 30여 군현이 귀순해 오다.

931 태조 14년
2월 9일 신라 왕이 사신을 보내 회담을 요청하며 귀순할 뜻을 알려오다.
2월 23일 신라에 가서 경순왕을 위로하다.

932 태조 15년
9월 견훤의 수군이 예성강 일대를 침공하다.
10월 견훤의 수군이 대우도를 침공하니 유금필이 방어를 자청하다.

933 태조 16년
5월 유금필이 후백제의 신검군을 격파하고 신라를 구원하다.

934 태조 17년
7월 발해국 세자 대광현이 수만의 무리를 거느리고 귀부해 오자, '왕계'라는 이름을 내려주고 왕실의 족보에 올려 왕족으로 대우하다.
9월 20일 운주를 공격하여 크게 이기자 웅진 이북의 30여 성이 스스로 항복하다.

935 태조 18년
3월 견훤의 아들 신검이 견훤을 금산사에 가두고 동생 금강을 죽여 왕이 되다.
6월 견훤이 금산사를 탈출해 고려에 귀부하니 백관 중에 으뜸가는 지위를 부여하다.
11월 12일 경순왕이 귀부해 와 성대히 맞이하다.
11월 22일 맏딸 낙랑공주를 경순왕과 혼인시키다.
12월 12일 경순왕이 신하의 예를 올리니 정승의 벼슬을 내리고 그 지위를 태자 위에 두다.

936 태조 19년
2월 견훤의 사위 박영규가 내응을 약속하다.
9월 8일 태조가 삼군을 거느리고 출정해 일리천 전투에서 신검을 패퇴시키다. 신검이 항복해 오자 벼슬을 내려주니, 며칠 뒤 견훤이 울화병으로 사망하다.
9월 미상 왕이 개경으로 돌아와 삼한 통일에 대해 문무백관과 백성의 하례를 받다.

938 태조 21년
7월 후진의 연호를 사용하기 시작하다.

940 태조 23년
3월 경주를 대도독부로 삼고 전국의 여러 주와 군현의 명칭을 고치다.
날짜 미상 충성도와 공로에 따라 토지를 지급하는 역분전을 시행하다.

942 태조 25년
10월 거란이 사신과 낙타를 보내오자 사신은 유배하고 낙타는 만부교 아래 매어두어 굶겨 죽이다.

943 태조 26년
4월 박술희에게 〈훈요 10조〉를 전하다.
5월 20일 태조가 훙거하다.
6월 신혜왕후 유씨와 부장하다.

혜종

945 혜종 2년
날짜 미상 왕규가 왕의 아우 요와 소가 반역하려 한다고 했으나 왕이 듣지 않고 맏공주를 소와 혼인시키다. 이에 왕규가 광주원군을 왕으로 세우고자 자객을 보내 왕을 해하려 하나 왕이 주먹으로 때려죽이다.

9월 혜종이 34세의 나이로 중광전에서 훙거하다. 신하들이 왕요를 받들어 즉위하게 하다.
박술희를 귀양 보내자, 왕규가 왕명을 사칭해 박술희를 죽이다.
날짜 미상 왕규가 반란을 일으키려 할 때 왕식렴이 병사들을 이끌고 들어와 호위하니 왕규가 감히 움직이지 못하다. 왕규를 귀양 보냈다가 뒤쫓아 사람을 보내 베어 죽이고 그의 도당 300여 명을 죽이다.

정종

947 정종 2년
날짜 미상 서경에 왕성을 쌓다.
후진으로 유학 가던 중 거란에 잡혀 임용되었던 최광윤이 사신으로 와서 거란의 침공 계획을 서신으로 알리다. 이에 군사 30만을 뽑아 광군사를 설치하다.

948 정종 3년
9월 동여진이 토산물을 바쳐 접대하는 자리에서 궐 안에 벼락이 치자 왕이 병을 얻다.

949 정종 4년
1월 왕식렴이 죽다.
3월 병이 위독해지자 동생 소를 불러 선양한 뒤 훙거하다. 왕이 죽자 역부들이 기뻐하다.

광종

950 광종 원년
1월 큰 바람에 나무가 뿌리째 뽑히자 재앙을 물리치고자 《정관정요》를 읽기 시작하다.
'광덕' 연호를 제정하다.

956 광종 7년
날짜 미상 쌍기가 후주의 사신을 따라 왔다가 병을 얻어 고려에 머무르다. 병이 낫자, 왕이 만나본 뒤 후주에 표문을 올려 쌍기를 고려의 관료로 삼기를 청하고 이어 각종 대내외 문헌을 작성하는 임무를 맡기다.
날짜 미상 노비를 조사해 시비를 분변케 하자 주인을 배반하는 노비가 속출하다.

958 광종 9년
5월 쌍기의 건의를 받아들여 과거제도를 실시하다.

959 광종 10년
날짜 미상 쌍기의 부친 쌍철이 오자 좌승에 임명하다.

960 광종 11년
3월 백관의 공복을 정하다. 개경을 황도라 하고 서경을 서도라 이름하다. 권신이 대상 준홍과 좌승 왕동 등이 반역을 모의한다고 참소하니 이들을 내치다. 이후 참소하는 이들이 권세를 얻다. 왕의 시기가 심해지니 하나뿐인 아들마저 의심해 멀리하다.

963 광종 14년
7월 귀법사를 창건하다.

964 광종 15년
8월 세 아들이 참소로 옥에 갇히자, 공신 박수경이 근심과 분노로 죽다.

965 광종 16년
2월 아들 주에게 관례를 시켜 정윤 내사제군사 내의령으로 삼다.
7월 서필이 죽다.

974 광종 25년
날짜 미상 서경의 거사 연가가 반역을 꾀하다 죽임을 당하다.

975 광종 26년
5월 병으로 훙거하다. 태자가 즉위해 사면령을 내리고 참서를 불사르다.

경종

976 경종 원년
11월 왕선이 천안부원군을 교살하니 왕선을 내쫓고, 함부로 죽임으로써 원수를 갚는 행위를 금지시키다. 전시과를 시행하다.

978 경종 3년
4월 정승 김부가 사망하니 '경순'이란 시호를 내리다.

980 경종 5년
4월 쌀과 베의 이자를 정하다.
날짜 미상 왕승 등이 반역을 도모하다 발각되어 처형당하다.

981 경종 6년
6월 왕이 병들다.
7월 병이 낫질 않자 사촌동생 개령군 치에게 선위하다. 간략한 장례를 유언하고 훙거하다.

성종

982 성종 원년
3월 백관의 칭호를 고쳐 내의성을 내사문하성, 광평성을 어사도성이라 하다.
6월 5품 이상의 모든 관리에게 봉사를 올려 시정의 잘잘못을 논하라고 이르다. 이에 최승로가 소를 올려 역대 왕들을 논하고 〈시무 28조〉를 아뢰다.
10월 원금 이상의 이자를 받지 못하도록 하다.

983 성종 2년
2월 1일 12목을 설치하다.
5월 3성과 6조, 7시를 정하다.
12월 진사를 선발함에 처음으로 복시를 보다.

985 성종 4년
5월 송이 사신을 보내와 왕을 책봉하니 왕이 사면령을 내리다. 송이 거란을 쳐서 연계를 수복하려고 사신을 보내 함께 할 것을 요청하다.

986 성종 5년
1월 거란이 사신을 보내와 화친을 청하다.
3월 '조서'를 '교서'라 부르게 하다.
5월 지방관들이 권농하도록 교서를 내리다.
7월 의창을 설치하다. 도망친 노비를 숨겨둔 자를 처벌하는 규정을 정하다.
8월 12목에 처자를 거느리고 임지로 가는 것을 처음으로 허락하다.

987 성종 6년
7월 면천된 노비가 주인을 욕하면 환천하게 하다.
8월 중앙과 지방의 공문서식을 정하게 하다.
12목에 경학박사와 의학박사를 한 사람씩 두게 하다.
10월 개경과 서경의 팔관회를 폐지하다.
11월 경주를 동경으로 고치고 유수를 두다.

989 성종 8년
3월 동서북면에 병마사를 두고 문하시중·중서령·상서령을 판사로 삼다. 병마사는 진에 부임케 하고 왕이 부월을 주어 군무의 전권을 갖고 처리하게 하다.
4월 12일 학교와 교육을 강조하는 교서를 내리다.

990 성종 9년
9월 4일 효도를 강조하는 교서를 내리다.

12월 조카 송을 책봉해 개령군으로 삼다.

991 성종 10년
윤 2월 처음으로 사직을 세우다.
10월 송의 추밀원을 본떠 중추원을 세우다.
압록강 밖의 여진을 백두산 밖으로 내쫓아 그곳에 살게 하다.

992 성종 11년
1월 숨은 인재가 스스로를 천거할 수 있도록 하다.
7월 1일 욱을 사수현으로 귀양 보내다.
12월 국자감을 창설하고 전장을 내려주다.

993 성종 12년
5월 서북계 여진이 거란이 침노하려 한다고 보고했으나 거짓으로 판단하고 방어하지 않다.
8월 여진이 다시 거란군이 이르렀음을 알리자 비로소 급함을 알고 여러 도에 군마제정사를 나누어 보내다.
10월 박양유, 서희, 최양을 각각 상군사, 중군사, 하군사로 삼아 북계에서 거란을 막게 하다.
윤 10월 3일 서희가 화평 교섭을 하다.

994 성종 13년
2월 거란의 연호를 시행하다.
3월 고아에 대해 10세까지는 관에서 양식을 주고, 10세가 넘으면 바라는 대로 거주케 하다.

6월 원욱을 송에 보내 함께 거란에 보복할 것을 청했으나 송의 불응으로 국교를 단절하다.

995 성종 14년
2월 3일 과거에 급제하고 나면 관리들이 공부를 하지 않는다며, 50세 이하로 지제고를 지내지 않은 자는 매달 시와 부를 지어 바치게 하다.
7월 개주를 개성부로 고치고, 10도를 정하는 행정 개편을 하다.

996 성종 15년
3월 거란에서 사신을 보내 왕을 책봉하니 책명을 받고 사면령을 내리다.
7월 욱이 유배지인 사수현에서 죽다.

997 성종 16년
8월 3일 동경에 행차하다.
9월 병을 얻어 돌아오다.
10월 27일 조카 개령군 송을 불러 왕위를 전하고 훙거하다.

고려 왕실 세계도

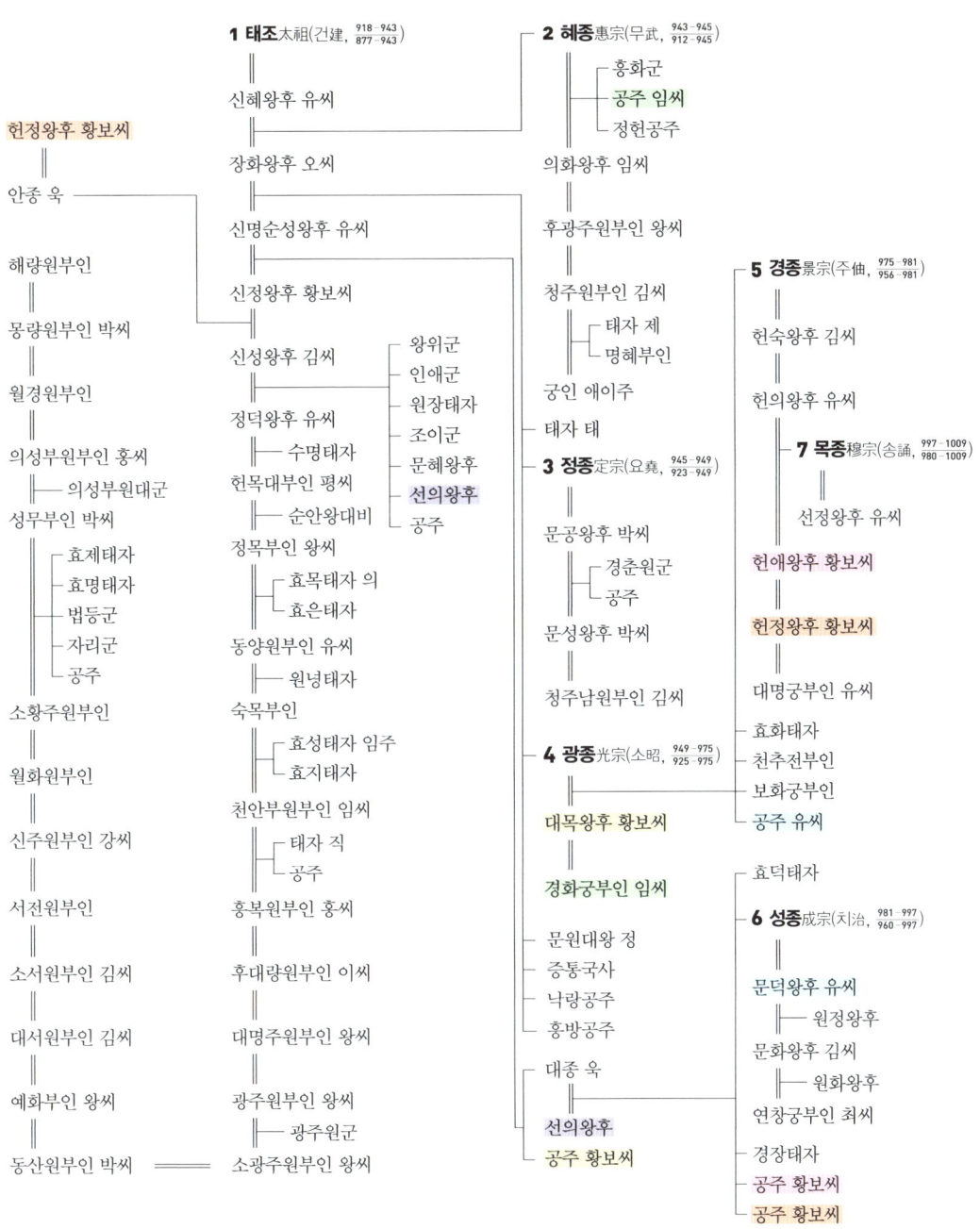

고려 왕실 세계도 221

정사(正史)로 기록된 고려의 역사, 《고려사》와 《고려사절요》

고려에 관한 가장 풍부한 기초 자료집, 《고려사》

《고려사(高麗史)》는 고려 왕조의 역사를 충실하게 담고 있는 역사서로, 조선 초기 김종서·정인지 등이 세종의 교지를 받아 편찬했다. 오늘날 전하는 고려시대 역사서 가운데 가장 오래됐으며, 당대의 역사서는 물론 문집·묘지명 등 다양한 사료를 수록하여 세가 46권, 지 39권, 연표 2권, 열전 50권, 목록 2권 등 총 139권 75책으로 구성되어 있다. 특히 열전은 한 시대를 풍미한 인물 1,008명의 이야기를 담았으며, 인물 배치 순서에서 편찬 의도가 넌지시 드러나 《고려사》에서 가장 흥미로운 부분으로 꼽히기도 한다.

방대한 내용을 담았음에도 《고려사》는 엄격한 역사성과 객관성을 유지한 역사서로 평가받는다. 편찬자가 문장을 만들어내지 않고 엄정히 선택한 원 사료의 문장을 그대로 옮겨 적는 방식으로 엮었으며, 인물 평가도 한 개인에 대한 칭찬과 비판의 자료를 모두 기재하여 객관적인 서술 태도를 유지했다. 이렇듯 《고려사》는 고려 왕조사에 관한 가장 풍부한 기초 문헌이자 고려의 역사를 기록한 정사로서, 학술적·문화재적으로 그 가치를 인정받아 2021년 문화재청이 보물로 지정했다.

《고려사》를 보완하는 독자 중심 역사서, 《고려사절요》

《고려사절요(高麗史節要)》는 '절요'라는 명칭이 붙기는 했으나 《고려사》를 줄인 책이 아니라 서로 보완하는 성격을 지닌 35권 분량의 사서이다. 《고려사》 편찬을 마쳐 문종에게 바치는 자리에서 김종서는 기전체로 서술된 《고려사》가 사실을 자세히 기록하는 장점이 있으나 읽는 이에게 불편하니 역사적 사실을 종합해 시간순으로 서술하는 편년체의 사서를 편찬할 것을 건의해 문종의 승낙을 받았다.

《고려사절요》는 《고려사》에서 찾을 수 없는 기록도 포함하고 있으며, 연월을 꼼꼼히 기술하여 정치적 사건의 추이를 전하는 사료로서의 가치가 높다. 역대 역사가의 사론을 여러 곳에 실어 사학사상 연구에도 귀중한 자료이며, 《고려사》에 비해 왕보다 관료의 비중을 높여 기록한 점도 주목할 만하다.

박시백의 고려사 1 천하 통일과 고려의 개막

1판 1쇄 발행일 2022년 3월 14일
1판 6쇄 발행일 2025년 2월 17일

지은이 박시백

발행인 김학원
발행처 (주)휴머니스트출판그룹
출판등록 제313-2007-000007호(2007년 1월 5일)
주소 (03991) 서울시 마포구 동교로23길 76(연남동)
전화 02-335-4422 **팩스** 02-334-3427
저자·독자 서비스 humanist@humanistbooks.com
홈페이지 www.humanistbooks.com
유튜브 youtube.com/user/humanistma **포스트** post.naver.com/hmcv
페이스북 facebook.com/hmcv2001 **인스타그램** @humanist_insta

편집주간 황서현 **편집** 하빛 최인영 이영란 **디자인** 김태형
조판 홍영사 **용지** 화인페이퍼 **인쇄** 정민문화사 **제본** 정민문화사
사진 제공 12쪽 연합뉴스·64쪽 김기섭·122쪽 박종진·164쪽 Wikimedia Commons, Uwe Brodrecht

ⓒ 박시백, 2022

ISBN 979-11-6080-809-4 07910
ISBN 979-11-6080-808-7 07910(세트)

- 이 책은 저작권법에 따라 보호받는 저작물이므로 무단 전재와 무단 복제를 금합니다.
- 이 책의 전부 또는 일부를 이용하려면 반드시 저자와 (주)휴머니스트출판그룹의 동의를 받아야 합니다.